ロシアの保存食
ЗАГОТОВКИ

荻野恭子

WAVE出版

contents

★ ピクルスを極める

キャベツの発酵漬け　12
ビーツの甘酢漬け　13
応用料理 シチー　14
応用料理 ビーツのサラダ　15
きのこの塩漬け　16
応用料理 きのこのパスタ　16
塩漬けのいろいろ　18
　　きゅうり　トマト　大根　にんにく　赤唐辛子
甘酢漬けのいろいろ　19
　　ズッキーニ　玉ねぎ　にんじん　セロリ
　　焼きなす　焼きパプリカ

はじめに　4
ダーチャで手作りの生活　6
料理をはじめる前に　10

保存食で楽しむピクニック　20
塩は自然と人間をつなぐもの　40
ウォッカとザクースカ　58
保存食でおもてなし　68

★ 魚介、魚卵の保存食

にしんの塩漬け　22
サーモンの塩漬け　24
スモークサーモン　26
サーモンフレーク　27
イクラの塩漬け　28
たらこの塩漬け　30
応用料理 たらこのピュレ　30
いわしの塩漬け　32
応用料理 じゃがいもとアンチョビのグラタン　32
オイルサーディン　34
さばのくん製　36
帆立のくん製　36
かれいの干物　38

★本書で記した大さじ1は15ml、
小さじ1は5ml、1カップは200mlです。
★塩はできれば自然塩を使用してください。
砂糖は本書ではきび砂糖を使っています。
油はひまわり油を使っていますが、
サラダ油でも構いません。

★ 肉の保存食

サロ　豚脂身の塩漬け　42
ベーコン　44
豚肉のピュレ　46
ソーセージ　48
応用料理　朝食のプレート　48
鶏肉のくん製　50
鶏ハム　52
レバーペースト　54
コンビーフ　56

★ 乳製品の保存食

自家製ヨーグルト　60
カッテージチーズ　62
応用料理　カッテージチーズのデザート　62
サワークリーム　64
応用料理　ビーフストロガノフ　64
発酵バター　66

★ 果物と野菜の保存食

ヴァレーニエ　ロシア風ジャム　70
カンポート　果実の水煮　72
クワス　ライ麦の発泡性飲料　74
シロップ　76
　　レモンのシロップ　ミントのシロップ
レモンの塩漬け　78
応用料理　ラムと野菜の蒸し焼き　80

レモンのはちみつ漬け　81
なすのイクラ　82
ズッキーニのイクラ　82
干し野菜とハーブ　84
トマトピュレ　86
トマトペースト　86
プラムソース　88
アジカペースト　88
応用料理　グルジア風ローストチキン　90
ディルペースト　91
応用料理　じゃがいものサラダ　91
フルーツヴィネガー　92
　　りんご酢　ぶどう酢
マヨネーズ　94
応用料理　鶏肉入りポテトサラダ　94

 バーブシカの知恵袋

サーモンをいろいろな食べ方で　24
ブリヌイの作り方　28
塩で殺菌、砂糖で保水　38
豚肉を生で！　42
重宝なベーコン！　44
ロシア版ポトフ「ジャルコーエ」　46
ゼリー寄せは冬の食べ物　52
肉はかたまりで！　56
乾燥チーズ、クルト　60
牛乳さえあれば　66
ヴァレーニエを美味しく作るポイント　70
ジュースは手作り！　72
ロシア料理にもレモン　78
なくてはならないハーブ　84
緑のトマトの漬け物　86
コーサカスはぶどうの原産地　92

はじめに

　　　　ロシアは大陸性気候で寒暖の差が激しい国です。長い冬はマイナス20度ほどに、短い夏は摂氏30度以上になります。もちろん国土が広く地域によってかなり差がありますので平均的なことですが、このような厳しい風土だからこそ、保存食を作る生活の知恵が生まれたのですね。今は流通が良いので、冬場でも食材の入手が困難なことはないのですが、昔からのライフスタイルはそのまま受け継がれています。大自然の流れに逆らうことなく、体にやさしい保存食を大切に作り続けているのです。

　　　　ロシアの主婦は、夏の間に作った保存食を賢く上手に使いまわしているので、食事の時間帯以外に訪ねても、すぐに「ヴァレーニエ(ロシア風ジャム)に紅茶」や「スープにパン」、「漬け物に酒」というように食べ物をサッと出してくださいます。その手際の良さと温かいもてなしの心にはいつも感動します。考えてみれば、これはみな保存食を常備しているからこその技なのです。保存食を作ることで食生活が豊かになり、毎日を楽しく暮らせるようになる、そんなことを、ロシアの人たちの暮らしぶりから教わりました。

　　　　保存食を作るときに大切なことは、『素材が新鮮なうちに！』『味は強めに！』『水分をしっかり抜くこと！』です。保存する方法は、「塩漬け」「酢漬け」「砂糖漬け」「油漬け」「くん製」「乾燥」といろいろありますが、保存性が高くなるということばかりではありません。なによりも発酵・熟成した旨味を味わうことができるのが保存食の魅力です。漬け汁などもドレッシングやスープ、煮込みなどに使い、無駄なくいただきます。

　　　　厳しい風土のなかで育まれたロシア料理は、それだけ保存食を使った料理が多く、保存食ができていれば食事の献立もすぐにできます。例えばビーツのピクルスで「ヴィネグレート(ビーツのサラダ)」、キャベツの発酵漬けから「シチー(伝統的なキャベツのスープ)」、干しきのこで「ビーフストロガノフ」、りんごのヴァレーニエから「キセーリ(くず寄せ)」、ベリーのヴァレーニエから「モルス(清涼飲料)」などが作れるので、30分もあればロシア式のパーティを開くことができます。保存食をちょこっと作っておくだけで、優雅なライフスタイルが楽しめ、あなたもおもてなし上手になれるはず！生活の知恵と工夫がつまったロシアの保存食を、どうぞお楽しみください。

ダーチャで手作りの生活

　　　　　ロシアの保存食文化を知っていただくのに、「ダーチャ」のことをご紹介しないわけにはいきません。自家製の保存食作りには、これも自分で育てた新鮮な野菜を使っているのですが、その野菜をロシアの人たちはダーチャ(ДАЧА)という「菜園つきセカンドハウス」で作ります。ダーチャは歴史をさかのぼること数百年、ピョートル大帝時代(1682〜1725)から本格的に始まったといわれている習慣です。その頃のダーチャは、貴族や豪商が避暑地として建てた豪華な別荘のことでした。後にソビエト時代(1917〜1991)は、国の政策で全国民に土地を与えて自給自足を奨励していました。慢性的な物不足が背景にあり、文字通り自分の身を自分で守るためのものでした。この時代のダーチャは、夏の間だけ使う小屋のようなものが大半です。

　　　　昨今では国民の5〜6割の人々がダーチャを持っているといわれます。昔ながらのダーチャを親や知人から譲り受けたり、近年登場してきた年間通して使用できる高級ダーチャ(暖房、サウナつき)を購入する人もいます。

　　　　　一般的には、都心から20〜100km圏内にダーチャがたくさん集まった地域があり、そこに簡単な木造のハウスが建てられていて、人々は5〜10月の約半年間、足しげくそこに通います。金曜日に仕事を終えてから車やバスでダーチャに向かい、農作業を楽しみ、日曜の夜に都心のアパートへ帰宅します。面白いことに「ダーチャラッシュ」があり、ダーチャ村に向かう道は、通常であれば1時間ほどで行ける距離が、3〜4時間もかかる大渋滞になります。また街道沿いにはピロシキやシャシリク(串焼き)、クワス(ライ麦の発泡性飲料)、果物、はちみつなどの露天が出ています。香りと賑わいに誘われて車から降りて買いに走

るのもダーチャ通いの楽しみです。

　　　ダーチャで楽しい日々を過ごすための準備は、まだ寒い冬のうちから始まります。まず、3月に入ると、牛乳パックの底に穴をあけて下から10cmほどのところで切り、土を入れて野菜の種を植え、アパートの出窓に置いて苗を育てます。5月に入りダーチャへ苗を運び、地植えをします。季節が一気に冬から夏になり暑くなると、花が咲きすぐに実がなります。きゅうり、トマト、玉ねぎ、ピーマン、なす、ビーツ、ハーブなどを収穫し、まずは採れたてを何もつけずに生の味を楽しんで食べます。毎日、自然の恵みに感謝していただく野菜づくしのダーチャの食卓です。そして収穫した野菜をアパートに持ち帰り、保存食を仕込むのです。シーズンの最後、10月にはじゃがいもをすべて収穫してダーチャを閉めます。もうその頃には雪が降り始めています。

　　　ダーチャの楽しみは野菜作りばかりではありません。ダーチャの周辺に広がる森や野原には野生のブルーベリー、ラズベリー、カラントなどがたくさんあり、摘みながらむしゃむしゃと生で食べます。残りは持ち帰ってヴァレーニエにするのですが、野生のベリーは甘いばかりでなく酸味、苦味、甘味のバランスがいいからこそおいしいのですよ。そのほか、プラムも洋梨もりんごも……たくさんの自然の恵みをいただけます。森や林ではきのこ狩りも楽しめますが、特にロシアでは白きのこが重宝されているので、みな競って白きのこを採ります。採ったきのこはまず炒めて食べ、干したり、塩漬けにして保存します。

　　　ロシアの人々は短い夏は生野菜を食べて体を冷やし、長い冬に乳酸発酵した漬け物を食べて体を温めます。ロシアの風土に合わせて培ってきた、自然の摂理に叶った素敵なライフスタイルです。そして、その生活の中心にあるのが、ダーチャなのです。

料理をはじめる前に

保存食を作るときは、食材の扱いや、作る過程で常に清潔に気を配り、カビや変質に注意してください。でき上がってからも、清潔な乾いたスプーンや箸を使って、容器から取り出し、残りはすぐに冷蔵庫に戻すようにします。

★保存に使用するびんや容器は、必ず熱湯消毒して用います。大きいボウルにびんとふたを入れて、熱湯を回しかけます。乾いた清潔なふきんの上にふせて自然乾燥させます。耐熱容器などは、急激な温度変化に弱いものもあるので、心配な場合は50℃くらいの湯で温めてから、行ってください。

★ヴァレーニエ(ロシア風ジャム)など長期にわたって保存したいものは、熱湯消毒した保存びんに、ジャムが熱いうちにびんの口元いっぱいまで入れ、底をトントン打ちつけて中の空気を抜きます。熱いうちにふたをきっちり閉め、びんを逆さまにして、冷めるまでおきます。家庭で作るジャムは添加物を入れていないので数か月たつとジャムの色があせていきますが、フレッシュ味からコクが増し濃厚な熟成味に変化していくだけですので、深い味も安心してお楽しみください。

★記載している保存期間はおおよその目安です。食材の鮮度や、作ったときの温度や気候、冷蔵庫の状態や出し入れする回数などで変わるからです。風味があるうちに早めに食べきるのが基本です。

★野菜のピクルスを大量に作るロシアでは、バンカという保存びんに入れて保存します。専用の器具を使って、脱気して密封しているので長期保存が可能なのです。

ピクルスを極める

数ある保存食の中でも、ロシアの主婦が今でも欠かさずに手作りしているのがピクルスです。夏の間、ダーチャで育てた野菜で作るのですから、美味しさは格別！　ロシアでは塩漬けか酢漬けが一般的で、バンカと呼ばれる大きな保存びんに浮かし漬けにします。キャベツをはじめ、きゅうりやトマトなどをびっしり詰めた保存びんを、ダーチャの食品庫やマンションの北側の涼しい部屋に保存して、野菜の少ない冬に活用します。日にちが経つとともに乳酸発酵が進み、味わいも深くなり、サラダやスープにも大活躍します。

キャベツの発酵漬け
КВАШЕНАЯ КАПУСТА
クヴァーシェナヤ　カプースタ

→ **PAGE 14**

ビーツの甘酢漬け
МАРИНОВАННАЯ СВЁКЛА
マリノーヴァンナヤ　スヴョークラ

→ PAGE 15

ピクルスを極める

キャベツの発酵漬け
КВАШЕНАЯ КАПУСТА
クヴァーシェナヤ　カプースタ

日本の"重し漬け"と異なり、ロシアでは"浮かし漬け"にするのが特徴です。時間をおくと乳酸発酵が進み、独特の旨味がでます。これさえ作っておけば、伝統的なキャベツのスープに使えるうえ、オイルであえればサラダにもなります。あとは黒パンがあれば、栄養十分の献立がすぐに整います。

材料(作りやすい分量)
キャベツ　½個(500ｇ)
にんじん　¼本(50ｇ)
漬け汁
| 熱湯　5カップ
| 塩　大さじ3
| 砂糖、酢　各大さじ1

作り方
① 漬け汁の材料を鍋に入れて煮立て、冷ます。
② キャベツとにんじんはせん切りにし、混ぜ合わせる。
③ 熱湯消毒した保存びんに②をぎっしり詰め、上から冷ました①を注ぐ。密封せずに軽くふたをして2〜3日室温におき発酵させてから食べる。漬け汁が乳酸発酵して白っぽくなってきたら、冷蔵庫で保存する。
★冷蔵庫で1〜2か月は保存が可能。

応用料理

シチー　伝統的なキャベツのスープ
ЩИ
シィー

材料(4人分)
牛シチュー用肉　300ｇ
キャベツの発酵漬けと漬け汁　各1カップ
玉ねぎ(薄切り)　½個
じゃがいも(拍子木切り)　1個
トマト(さいの目切り)　小1個
にんにくのすりおろし　1片分
ローリエ　1枚
塩　小さじ1〜2
こしょう　適量
油、バター　各大さじ1
ハーブのみじん切り
　(ディル、
　　イタリアンパセリ、
　　万能ねぎなど)　適量
サワークリーム(p64参照)
　適量

作り方
① 鍋に牛肉と水7カップを入れて火にかけ、煮立ったらアクを取りながら弱めの中火で約50分煮てブイヨンをとる。
② フライパンに油とバターを熱して玉ねぎを炒め、しんなりしたらトマトを加えてさらに炒める。
③ ①にキャベツの発酵漬けと漬け汁、じゃがいもを入れて煮る。
④ ③に②、ローリエ、塩、こしょうを加えてやわらかくなるまで煮て、仕上げににんにくを加える。
⑤ 器に盛り、サワークリームをかけてハーブを散らす。

ビーツの甘酢漬け
МАРИНОВАННАЯ СВЁКЛА
マリノーヴァンナヤ　スヴョークラ

コーカサス、バルト、中央アジアをはじめ、東欧でもよく食べられています。この甘酢漬けは、毛皮のコートをまとったにしん（セリョートカ・パト・シューバイ）というユニークな名前の料理に欠かせません。にしんの塩漬けやポテトサラダを重ねた料理で、おもてなし料理としても人気です。

材料(作りやすい分量)
ビーツ　2個(約300ｇ)

漬け汁
- 酢、水　各1カップ
- 砂糖　大さじ4
- 塩　大さじ1

作り方
① ビーツは皮をむいて拍子木切りにする。鍋に入れてひたひたの水を加え、水分がなくなるまで中火で煮る。
② ①を熱湯消毒した保存びんに入れ、漬け汁の材料を合わせて注ぐ。

★冷蔵庫で1～2か月は保存が可能。

応用料理

ビーツのサラダ
САЛАТ ИЗ СВЁКЛЫ
サラート　イス　スヴョークルィ

材料(2人分)
ビーツの甘酢漬け　1カップ
サワークリーム(p64参照)　大さじ3～4
ディルのみじん切り　適量

作り方
ビーツの甘酢漬けを食べやすい長さに切り、サワークリームであえて、ディルをのせる。

ピクルスを極める

きのこの塩漬け
СОЛЁНЫЕ ГРИБЫ
サリョーヌィエ　グリブィ

ロシアでは秋のきのこ狩りは年中行事のひとつ。いいきのこが採れる場所は他人には教えないそうです。天然のきのこはよく洗い、殺菌をかねて熱い漬け汁を注ぎます。きのこの種類別に漬ける人もいました。発酵して酸っぱくなったものをスープに入れると最高に美味しいですよ！

材料(作りやすい分量)
しいたけ、マッシュルーム、しめじ、
　舞たけ　各1パック
A
| にんにく　1片
| イタリアンパセリ、ディル　各適量
| ローリエ　1枚
| 赤唐辛子(種を取ってちぎる)　1本
| 黒粒こしょう　10粒

漬け汁
| 熱湯　5カップ
| 塩　大さじ3
| 砂糖、酢　各大さじ1

作り方
① しいたけは石づきを切り4等分に切る。マッシュルームも石づきを切り、半分に切る。しめじと舞たけは小房に分ける。すべてをさっとゆでこぼす。
② 熱湯消毒した保存びんに①を詰め、Aを入れる。
③ 漬け汁の材料を鍋に入れて煮立て、熱いうちに②に注ぐ。密封せずに軽くふたをして2〜3日室温におき発酵させてから、冷蔵庫で保存する。
★冷蔵庫で1〜2か月は保存が可能。

きのこは熱い漬け汁を注いで漬ける。

応用料理

きのこのパスタ
ЛАПША С ГРИБАМИ
ラプシャ　ズ　グリバーミ

材料(4人分)
きのこの塩漬け　1½カップ
漬け汁　適量
　(漬けたにんにく1片分、赤唐辛子少々)
スパゲッティ　320g
ハーブのみじん切り(イタリアンパセリ、バジルなど)　大さじ1〜2
オリーブ油　大さじ3

作り方
① 鍋にたっぷりの湯を沸かし、吸い物程度の塩を入れ、スパゲッティを袋の表示どおりにゆでる。
② フライパンにオリーブ油、きのこの塩漬けの中のにんにく、赤唐辛子を入れて弱火にかけ、香りが出てきたら中火にしてきのこの塩漬けを加えて炒める。
③ ②にゆで上がった①、漬け汁、ハーブのみじん切りを加えて炒め合わせる。

塩漬けのいろいろ

★ きゅうりの塩漬け
きゅうり5本、ディル1枝、ローリエ1枚、黒粒こしょう10粒、オールスパイス10粒をびんに詰め、漬け汁A（水2½カップ、塩大さじ1½、砂糖、酢各大さじ½）を煮立てて注ぐ。

★ にんにくの塩漬け
にんにく約15片は、きゅうりの塩漬けと同じ、漬け汁Aの半量を冷まして注ぐ。

★ トマトの塩漬け
トマト400gは半分に切り、きゅうりの塩漬けと同じ、漬け汁Aを冷まして注ぐ。

★ 赤唐辛子の塩漬け
生の赤唐辛子20本は、きゅうりの塩漬けと同じ、漬け汁Aの半量を冷まして注ぐ。

★ 大根の塩漬け
大根450gはスライサーでせん切りにし、きゅうりの塩漬けと同じ、漬け汁Aを冷まして注ぐ。

甘酢漬けのいろいろ

野菜は下準備をして、ビーツの甘酢漬け(p15)と同様に漬ける。

★ズッキーニの甘酢漬け
ズッキーニ2本は2cm厚さの輪切りにして漬ける。

★焼きなすの甘酢漬け
なす5個は竹串で刺して空気穴を開け、全体に焼き色がつくまで焼き、皮をむいて丸ごと漬ける。

★玉ねぎの甘酢漬け
玉ねぎ2個は薄切りにして漬ける。

★焼きパプリカの甘酢漬け
パプリカ・赤2個、黄1個は竹串で刺して空気穴を開け、全体に焼き色がつくまで焼く。薄皮をむいて種を取り、2〜3cm幅に切って漬ける。

★にんじんの甘酢漬け
にんじん2本はスライサーで細切りにして漬ける。

★セロリの甘酢漬け
セロリは葉と茎に分け、茎は5cm長さの細切りにして漬ける。

保存食で楽しむピクニック

　ロシアの人々は生活を楽しむことが上手で、一年を通して野外で食事をすることを好み、特にピクニックは大好き！　お祭りやお祝いごとをはじめ、事あるごとに出かけるのですが、冬は厚手のコートを着てマフラーを巻いて帽子をかぶり、夏は水着のようなかっこうで。

　一年の行事を順に追うと、まずは新年のカウントダウンに寺院前にてシャンパンで乾杯、春を待ちわびるマースレニッツァ(謝肉祭)はブリンチキ(具入りクレープ)を、パスハ(復活祭)は寺院でクリーチ(ナッツやドライフルーツ入りリッチなパン)やゆで卵を、結婚式は英雄の銅像前にてシャンパンで乾杯、河原ではシャシリーク(串焼き)、ダーチャの畑では生野菜で乾杯、高原ではベリーを摘み、森のきのこ狩りではきのこのバター焼き、真冬のバーニャ(サウナ)は雪の中でウォッカ&サロ(豚脂身の塩漬け)を。このほかにも、お誕生日に、結婚記念日に、と記念日がいっぱい……。

　こんなとき、保存食が大活躍します。どんなものを持っていくかというと、キャベツやきゅうり、きのこの漬け物は大胆にも保存びんごと！　ハム、チーズ、スモークサーモン、ピロシキやブリヌイ(ロシア風クレープ)、黒パン、ヴァレーニエ(ロシア風ジャム)、手作りのドライフルーツやナッツ……。飲み物は紅茶をポットに入れて、カンポート(果物の水煮)、ビールやワイン、シャンパン、ウォッカなど。そのほかジャルコーエ(野菜の漬け物と肉の蒸し煮)などの料理も鍋ごと持って、野外に繰り出します。

　国土が広く大自然と隣り合わせのロシアでは、細かいことを気にせず、できるときにできる仲間と肩寄せ合って野外での食事を楽しんでいます。そんな暮らしはとても素敵！　地に足をつけ自然に寄り添う生き方は、今の私たち日本人が見習いたいものだと思います。季節の食材を有効に楽しむ保存食！　楽しみ上手なロシア人に保存食の使い回し術を学んで、ピクニックに出かけてみませんか。きっとさわやかな気分になりますよ。

魚介、魚卵の保存食

ロシアでよく食べられている魚は、サーモン、たら、川かます、にしんなど。塩焼きやソテー、スープや煮込みなどにして食べますが、塩漬けや干物、くん製などの保存食も充実しています。ロシア料理の前菜（ザクースカ）に欠かせない、にしんのマリネやイクラの塩漬けをはじめ、かれいの干物やさばのくん製など、どれも日本人の口に合い、作り方はいたってシンプルです。発酵や熟成することで旨味が増した保存食は、白いご飯はもちろん、酒の肴にも最適です。

にしんの塩漬け
СОЛЁНАЯ СЕЛЁДКА
サリョーナヤ セリョートカ

にしんは、ロシアでは塩漬けにするのが一般的で、市場などで一年中売られています。これにゆでたじゃがいもを添えて食べれば、ウォッカのつまみに最適です！　日本ではにしんが出回る冬から春にかけて作ります。この塩漬けを油に漬ければ、長く保存することもできます。

材料(作りやすい分量)
- にしん　大2尾
- 塩　大さじ1
- 砂糖　大さじ½
- 玉ねぎ　½個
- ディル　適量
- 油　少量

つけ合わせ
- 塩ゆでしたじゃがいも　適量
- ディルのみじん切り　少々
- **きゅうりの塩漬け**(p18参照)、レモン(くし形切り)　各適量

作り方
① にしんはうろこを取り、頭を切り落として、三枚におろす。両面に塩、砂糖をまぶし、バットに入れてラップをかけ、冷蔵庫に一晩おく。

② ①のにしんから出た水気をふき、頭の方から皮をはぎ取り、身を1cm幅に切る。

③ ②を薄切りにした玉ねぎ、ディルとともに皿に盛り、上から油をふる。つけ合わせに、塩ゆでしたじゃがいもにディルをまぶしたもの、きゅうりの塩漬け、レモンを添える。

★保存する場合は、皮をむいたあと、身を縦半分に切り、長さを2～3等分に切る。保存容器に入れて油をかぶるまで注ぐ。冷蔵庫で約1か月保存が可能。

塩と砂糖をまぶすことで、生臭さが取れ、味に深みが出る。

頭の方から尾に向かって皮をむき取る。

保存する場合は、油漬けにする。

器にマッシュポテト、にしんの塩漬け、刻んだビーツのマリネを順に重ねたサラダをよく作ります。

魚介、魚卵の保存食

サーモンの塩漬け
СОЛЁНЫЙ ЛОСОСЬ
サリョーヌイ　ラソーシ

にしんと並んでロシアの人たちが好んで食べるのがサーモンです。塩漬けは、サーモンのほかにケタという白ざけや、マスなどの川魚でも作ります。白パンのカナッペ(ブテルブロード)にするほか、サワークリーム煮にしたり、小さく切ってピラフやチャーハンに使っても美味しいですよ。

材料(作りやすい分量)
生ざけ(刺し身用)　1さく(約150g)
塩　小さじ1〜1½
砂糖　小さじ½〜¾

カナッペ用
白パン(7〜8mm厚さに切る)　適量
バター　適量
玉ねぎ(薄切り)、ディル、ケイパー、
　レモン(いちょう切り)　各適量

作り方
① 塩と砂糖を混ぜ、さけの全面にまんべんなくまぶす。
② ①をラップに包み、室温に30分ほどおき、その後、冷蔵庫に2〜3日おく。
③ カナッペを作る。②を2〜3mm厚さに切り、バターを塗った白パンに玉ねぎとともにのせ、ディル、ケイパー、レモンを添える。
★ラップに包んでポリ袋に入れ、冷蔵庫で約1週間、冷凍庫で約1か月間保存が可能。

塩だけでなく、砂糖をまぶすことで旨味が増す。

バーブシカの知恵袋

★サーモンをいろいろな食べ方で
ロシアではマスを含めてサーモンはポピュラーな魚で、たくさん食べています。ザクースカ(前菜)には欠かせない魚で、くん製(写真左)や塩漬けなどはとても重宝です。生のサーモンでは、唐揚げやサワークリーム煮をよく作ります。

スモークサーモン
КОПЧЁНЫЙ ЛОСОСЬ
カプチョーヌイ　ラソーシ

サーモンの塩漬けを軽くいぶすだけで、スモークサーモンが作れます。くん製用チップの代わりに、ドライハーブや砂糖を使うと上品な香りに仕上がります。私はハーブティ用のボダイジュなどを使っていますが、好みのものでお試しください。

材料(作りやすい分量)
サーモンの塩漬け(p24参照)　150g
A
| ドライハーブ(好みのハーブや
　ハーブティの茶葉など)　5g
| ローリエ　1枚
| 砂糖　大さじ1

作り方

① 鍋*にアルミ箔を敷き、Aを入れて、高さ5cmほどの網をおく。

② 網の上にサーモンの塩漬けをのせ、ふたをして中火で6〜7分いぶして、火を止める。粗熱が取れるまでそのままおく。食べるときに2〜3mm厚さに切り、きゅうりの塩漬け(p18参照)、ディルなどを添える。

＊くん製に使う鍋は、ふたがきっちりしまるものを使用する。臭いがつき底が焦げるので、古いものなどを専用の鍋にひとつ用意しておくとよい。

★ラップに包んでポリ袋に入れ、冷蔵庫で約1週間、冷凍庫で約1か月間保存が可能。

煙が全体に行き渡るように、高さのある網を使う。

魚介、魚卵の保存食

サーモンフレーク
ХЛОПЬЯ ЛОСОСЯ
フローピヤ　ラソーシャ

スモークサーモン同様、サーモンの塩漬けを使って作ります。日本のさけフレークは日本酒でからりといいますが、油でしっとり仕上げるのがロシア流。ピロシキやパスタの具に便利に使えます。

材料(作りやすい分量)
サーモンの塩漬け(p24参照)　150g
油　小さじ1

作り方
① サーモンの塩漬けを適当な大きさの角切りにする。
② フライパンに油と①を入れて弱火にかけ、木べらでほぐしながら、フライパンの底がうっすらと焦げついてくるまでポロポロにいる。火からおろして粗熱を取る。
★冷蔵庫で約2週間、冷凍庫で約2か月間保存が可能。

角切りにしたサーモンの塩漬けを、ほぐしながらいる。

魚介、魚卵の保存食

イクラの塩漬け
КРАСНАЯ ИКРА
クラースナヤ　イクラー

イクラの語源はロシア語で、さけに限らず魚卵全般を指します。イクラは赤いイクラ（クラースナヤ　イクラー）、高級品のキャビアは黒いイクラ（チョールナヤ　イクラー）といいます。塩漬けにしたイクラをパンやブリヌイ（ロシアのクレープ）にのせて食べます。日本では生すじこの出回る秋にお試しください。

材料（作りやすい分量）
生すじこ　400g
塩　大さじ1
砂糖　大さじ½

作り方
① 生すじこは、流水でよく洗う。
② ボウルに①の膜を開いて入れ、塩大さじ1（分量外）をまぶす。熱湯をかけ、手早く菜箸でグルグルとかき回して膜を取り、ざるに上げる。
③ ②にボウルを重ねて、流水でサッと洗い、取れた膜などを水ごと流してきれいにし、そのままおいて水気をしっかりきる。
④ ③をボウルに入れ、塩と砂糖をまぶし、熱湯消毒した保存容器に入れる。
＊ブリヌイにサワークリームやディルとともに添えていただく。
★冷蔵庫で約2週間保存が可能。

生すじこの膜を開いて、塩をまぶす。

熱湯をかけ、菜箸でかき回して膜を取る。

流水で取れた膜などを洗い流す。

水気をとり、塩と砂糖をまぶす。

バーブシカの知恵袋

★ブリヌイの作り方（直径15cm約15枚分）
① ボウルに強力粉250g、ドライイースト小さじ1、砂糖大さじ1を混ぜ、牛乳500ml、卵1個、塩小さじ½を混ぜたものを加え、泡立て器でよく混ぜ、油大さじ1を加えて混ぜ合わせて漉し、ラップをして温かい所で30分ほどおく。
② 小さいフライパンに油少々を熱し、余分な油をふきとり、①をレードル1杯分ほど薄く流し入れ、弱めの中火で両面をきつね色に焼く。皿にのせ、上面にバターを塗る。残りも同様に焼いて、重ねる。

たらこの塩漬け
ИКРА ТРЕСКИ
イクラー　トレースキ

カムチャッカの家庭で教わったレシピです。真だらの生たらこ（卵巣）は大きすぎるので、すけそうだらの生たらこで作ります。ロシアでは塩漬けの缶詰もあり、サラダにしたり、パンやじゃがいもに塗って食べます。これに牛乳とバターを混ぜたペーストは、カナッペにおすすめ。

材料（作りやすい分量）
生たらこ（すけそうだら）　4腹（約400g）
塩水（塩大さじ2、水2カップ）
漬け汁
　塩　大さじ1
　砂糖　大さじ1/2
　ウォッカ（または酒）　大さじ1/2
　水　1カップ

作り方
① 生たらこは流水でよく洗い、竹串で数か所穴を開け、塩水に漬けて冷蔵庫で1晩おく。
② 保存容器に①を並べ、混ぜ合わせた漬け汁をかける。とときどき上下を返しながら冷蔵庫で2～3日漬ける。
③ ②の水分をふき取り、1腹ずつラップで包む。
★冷蔵庫で約2週間保存が可能。

竹串で穴を開けた生たらこを塩水に1晩漬ける。

バットに並べて、漬け汁に漬ける。

3日ほど漬けたもの。

たらこのピュレ（塩漬けの写真内）
ПАШТЕТ ИЗ ИКРЫ ТРЕСКИ
パシチェート　イズ　イクルィ　トレースキ

材料（作りやすい分量）
たらこの塩漬け　1腹分
牛乳　大さじ2～3
バター（室温に戻す）　大さじ1
パン（薄切り）　適量

作り方
① たらこの塩漬けは薄皮から出し、牛乳とバターを加えてよく混ぜる。薄切りのパンに塗る。
★冷蔵庫で約1週間保存が可能。

たらこの塩漬けをほぐし、マッシュポテトとあえれば、タラモサラダに。

魚介、魚卵の保存食

いわしの塩漬け
АНЧОУСЫ СОЛЁНЫЕ
アンチョーウスィ　サリョーヌィエ

本来は、小型のひこいわしで作りますが、時期がごく限られているのと鮮度のいいものが手に入れにくいので、真いわしで作ります。肉厚で食べごたえのあるアンチョビが楽しめます。炒めものやグラタンなどに旨味のある調味料として使うのに重宝。オリーブ油に漬けると長く保存できます。

材料(作りやすい分量)
いわし(ひこいわしの場合は約20尾)
　　3尾
塩　大さじ1½
砂糖　小さじ¼

作り方
① いわしは三枚におろし、半身を縦半分に切り、さらに2〜3等分に切る。
② 塩と砂糖を混ぜたものを①にまぶす。熱湯消毒した保存びんに入れ、冷蔵庫に入れる。3〜4日したら食べごろ。
★冷蔵庫で3週間保存が可能。オリーブ油をかぶるまで漬けたものは約1か月間保存が可能。

塩と砂糖を混ぜたものを、
いわしにまぶす。

応用料理

じゃがいもとアンチョビのグラタン
КАРТОФЕЛЬНАЯ ЗАПЕКАНКА С АНЧОУСАМИ
カルトーフェリナヤ　ザペカーンカ　ス　アンチョーウサミ

材料(4人分)
じゃがいも(細切り)　2個(300g)
玉ねぎ(薄切り)　½個
いわしの塩漬け(みじん切り)　7〜8切れ
サワークリーム(p64参照)　1カップ
オールスパイス　小さじ¼
ディルのみじん切り　大さじ1
パン粉、バター　各大さじ2
粉チーズ　大さじ1
塩、こしょう　各少々

作り方
① 耐熱容器にバター(分量外)を塗り、じゃがいもの半量を広げて入れ、玉ねぎをのせ、残りのじゃがいもを入れる。
② いわしの塩漬け、サワークリーム、オールスパイス、こしょう、ディルを混ぜてソースを作り、塩で味を調える。
③ ①に②をかけ、上にパン粉と粉チーズをふって、バターをところどころにのせ、200℃に熱したオーブンで25〜30分焼く。

オイルサーディン
САРДИНЫ В МАСЛЕ
サルジーヌィ ヴ マースリェ

缶詰でおなじみですが、手作りすればいわしのフレッシュな美味しさが楽しめます。いわしを香味野菜やレモン汁と一緒に蒸してからオイル漬けにするので、くせがなくさっぱりいただけます。塩と砂糖をまぶして下ごしらえするのが美味しさの決め手です。

材料(作りやすい分量)
いわし　5尾
塩　大さじ1
砂糖　大さじ½
A
| 玉ねぎ　30g
| にんじん、セロリ　各20g
| イタリアンパセリ　1枝
| ローリエ　1枚
レモン汁　1個分
水　½カップ
オリーブ油　約1カップ

作り方
① いわしは頭と尾を落とし、腹に切れ目を入れて内臓を取り除き、腹の中をきれいに洗って、水気をふく。
② 塩と砂糖を混ぜたものを①の腹の中と表面全体にまぶし、室温に1時間ほどおく。
③ Aの玉ねぎは横に薄切り、にんじんとセロリは細切りにし、イタリアンパセリは切り分ける。
④ ②のいわしから出た水分をふいて耐熱容器に並べ、Aをのせ、レモン汁と分量の水を加える。
⑤ 蒸気が上がった蒸し器に④を入れて、弱めの中火で1時間ほど蒸し、取り出して冷ます。
⑥ ⑤を香味野菜ごと保存容器に移し、オリーブ油をかぶるまで注ぎ、ふたをする。
★冷蔵庫で約10日間保存が可能。

塩と砂糖をまぶして1時間おいたいわしに、香味野菜、レモン汁、水を加えて蒸す。

ロシアでもいわしはИВАСИ(イヴァシー)といいます。イクラとは逆で日本語のいわしが語源となっています。

さばのくん製
КОПЧЁНАЯ СКУМБРИЯ
カプチョーナヤ　スクゥームブリヤ

ロシアではスーパーマーケットでも魚のくん製が売られているほど、日常的に食べます。スモークサーモンをはじめ、さばやひらめが主流です。ここでは二枚におろしたさばと帆立の作り方を紹介します。ほかに、いか、えび、チーズ、ゆで卵なども美味しくできます。

材料（作りやすい分量）
さば（二枚おろし）　1尾分（約500g）
A
| 塩　大さじ1/2〜1
| 砂糖　大さじ1/4〜1/2
B
| ドライハーブ（好みのハーブや
　　ハーブティの茶葉など）　5g
| 砂糖　大さじ1
| ローリエ　2〜3枚

作り方
① Aを混ぜてさばの両面にまぶし、ラップに包んでポリ袋に入れ、冷蔵庫で1〜2日おく。
② 鍋*にアルミ箔を敷き、Bを入れて高さ5cmほどの網をおき、①のさばを皮目を上にしてのせる。
③ ふたをして最初は強火で2〜3分いぶし、煙が出てきたら弱火にして15〜20分いぶす。火を止めて、粗熱が取れるまでそのままおく。
＊くん製に使う鍋は、ふたがきっちりしまるものを使用する。臭いがつき底が焦げるので、古いものなどを専用の鍋にひとつ用意しておくとよい。
★冷蔵庫で約1か月間保存が可能。

塩と砂糖を混ぜて、さばの両面にまぶす。

くん製用のチップの代わりに、ドライハーブと砂糖を使うと上品な風味に仕上がる。

帆立のくん製
КОПЧЁНЫЕ МОРСКИЕ ГРЕБЕШКИ
カプチョーヌィエ　マルスキーエ　グリェベシキー

材料と作り方（作りやすい分量）
帆立貝柱（刺し身用）8個に、塩小さじ1と砂糖小さじ1/2を混ぜて両面にまぶす。あとはさばのくん製と同様にし、強火で2〜3分いぶし、弱火にして5〜10分いぶす。

さばのくん製とキャベツの発酵漬けをサンドイッチにしてもいいですね。

創立28周年

WAVE出版
図書目録実用
2015年7月
発行

www.wave-publishers.co.jp.

〒102-0074 東京都千代田区九段南4-7-15
TEL 03(3261)3713　FAX 03(3261)3823
振替00100-7-366376 E-mail:info@wave-publishers.co.jp

送料　300円
表示価格は税抜です。

最大限利用するための最新ガイド
ココナッツオイル健康法
病気にならない 太らない 奇跡の万能油
ブルース・ファイフ 著／三木直子 訳

今、話題のココナッツオイル入門書。数えきれないほどの健康効果で他に類のない癒やし効果を発揮する万能油。健康美容効果を高める44のレシピによる栄養補給方法を初公開！　　四六判並製●1400円

◎食文化を考える

伝説と呼ばれる
至高のウイスキー 101

イアン・バクストン 著
土屋 守 監修・執筆・翻訳／土屋茉以子 翻訳

バーではめったにお目にかかれない夢のウイスキー101本を、オールカラーの写真と合わせ1本ずつ解説。　A5判上製●4600円

自分の箸と出会うため
おはしのおはなし

「銀座夏野」店主　髙橋隆太 著

大人気の箸専門店「銀座夏野」店主による、一対の棒に込められた日本の知恵と美を追求した初の書。食卓は、「箸」ひとつで楽しくなります。　　　　　　　　　A5判並製●1600円

選ぶならこっち！

食品表示アドバイザー　垣田達哉 著

日常の食卓に欠かせない100品目以上を検証！「ジャンクフードは食べない」「体に良いものは選んでる」「商品の表示はチェックする」と安心してはいけません。　四六判並製●1400円

お茶のすすめ
お気楽「茶道」ガイド

川口澄子 著

興味はあるけどいざ習うには敷居が高い。そんな茶の湯の世界をややこしい話ぬきに、おもしろいところだけかいつまんでご紹介。プロもアマも楽しめる体験画日記。A5判並製●1490円

こうじょう　たんけん　たべもの編

藤原徹司 著

プリッツ、ポテトチップス、牛乳、食パン、カップヌードルの工場を探検しよう！　あの食べ物は、どうやって出来るの？　いろいろな工場に潜入してみよう！　　　AB判上製●1600円

魚介、魚卵の保存食

かれいの干物
СУШЁНЫЕ КАМБАЛЫ
スショーヌィエ　カームバルィ

カムチャッカの水産工場を見学した際に、お土産にかれいの干物をいただいたことがあります。油で揚げて食べたら美味しかった！　家庭で干物を作る場合も、塩と砂糖をまぶすのが旨味を増すコツです。すぐに食べる場合は1〜2日干し、保存する場合は3〜4日干して水分をとばします。

材料(作りやすい分量)
かれい　3尾(約600g)
塩　大さじ1
砂糖　大さじ½

作り方
① かれいは塩少々(分量外)をふり、たわしで両面をこすってぬめりを取り、洗い流す。包丁でうろこを取り、頭を切り落として内臓を出し、きれいに洗う。
② ①の水気をとり、塩と砂糖をまぶし、冷蔵庫で1晩おく。
③ ざるにペーパータオルを敷き、②の水気をふいて並べ、風通しのよい場所に陰干しする。半日したら上下を返す。ソフト干しの場合は1〜2日干し、ハード干しの場合は、3〜4日干す。

★食べるときに、中温(170℃)の油でこんがり揚げる(または焼く)。
★冷蔵庫で約1週間、冷凍庫で約1か月間保存が可能。

掃除をしたかれいに塩と砂糖をまぶす。

風通しのいい場所で陰干しする。

3日間干したもの。

バーブシカの知恵袋

★塩で殺菌、砂糖で保水

バルト海やカムチャッカ半島などの北方の地域では干物やくん製がたくさん売られています。家庭ではあまり作られることはありませんが、ポイントは塩だけでなく、砂糖を使うこと。塩で殺菌して、砂糖で保水、旨味をつけるのです。

塩は自然と人間をつなぐもの

　皆さんは、料理を作るときに肉は洗ってからお使いですか？　野菜や魚は洗っていると思いますが……。海外で料理の取材をすると、肉や魚は必ず洗ってから調理しています。日本の場合は、肉や魚が切り身になってパッキングされていたり、ウインドケースにきれいに陳列されているので、ついつい清潔だと信じてしまい、洗って使うことは少ないでしょう。けれど最近は食の安全性を問われるでき事が多くなっているので、『自分の身は自分で守る！』ことが必要です。

　ロシア料理の研究でウクライナやベラルーシの家庭で教えていただいていたときに、ボウルの中で肉が水に浸かっている光景を目にしました。そこで「肉の血抜きですか？」と聞くと、そうではなく、「セシウムの数値を下げるために2％の塩水に2時間ほど浸けてから使う」、または「酢水で洗う」という返事が返ってきました。それに「肉に付着している雑菌も除去できるし」といわれました。ちょうどその少し前にチェルノブイリ原発事故があったので、現地政府からそのような指導をまとめた小冊子が出されていたのです。それ以来、私も肉や魚を塩水で洗ってから使うようにしています。

　塩は保存食作りに不可欠なものです。塩には殺菌力と脱水力があり、保存性が高くなります。ミネラル分も豊富なので食材の味を凝縮させ旨味を増します。塩はいろいろな力を持っていて、私たちが生きていくうえでとても大切なものです。例えば体の具合が悪いときに病院に行くと点滴をされますが、この点滴も生理食塩水なのですね。減塩の風潮が強い昨今、塩が悪もののようにいわれていますが、体内の機能を正常に保つには塩は欠かせません。塩にもいろいろな種類がありますが、私は粗塩(海水塩)を好んで使い、『命の塩』と呼んで大切にしています。

私の塩の使い方

★肉・魚介・野菜を安心安全に食べるために：流水で洗い→塩水で洗い→流水で洗い→ペーパータオルで水分をとる。

★まな板などの調理道具やふきんなどの洗浄も塩水で。

★風邪、花粉症予防：塩水(水1カップに塩小さじ1を溶く)でうがい、鼻洗い、目洗いする。

★足の冷えや疲れを取る：洗面器に熱めの湯と塩ひとつかみを溶き、足湯をする。

ぜひ、お試しください！

肉の保存食

ロシア料理のザクースカ（前菜）には、にしんのマリネやきゅうりのピクルスなど、お酒のつまみになるものがいろいろありますが、その中でもウォッカによく合うといわれているのがサロです。豚の背脂を塩漬けにした保存食で、ロシアではパーティともなるとこれをつまみにウォッカを何杯も一気飲みします。ソーセージやベーコンも冷蔵庫に常備されている保存食で、ボルシチなどの煮込み料理に肉の代わりに使われます。もてなし料理から日々のおかずまで、手早く準備できるのはこれら保存食のお陰なのです。

肉の保存食

サロ САЛО サーラ
豚脂身の塩漬け

豚の脂身を塩漬けにしたサロは、ウクライナの名物です。イタリアの"ラルド"と同じように、加熱せずにそのままスライスして食べます。ロシアでは、バター代わりにパンにのせて食べますが、これがウォッカのつまみに最適！ ウクライナの郷土料理、ボルシチの旨味だしにも欠かせません。

材料（作りやすい分量）
豚バラかたまり肉（新鮮で脂身の多いもの。あれば背脂） 400g

A
- 塩 大さじ1
- 砂糖 大さじ¼
- にんにく（薄切り） 2片
- 粗びき黒こしょう 適量

B
- 粗びき唐辛子 適量
- ドライディル、ドライタイム 各適量

黒パン（薄切り） 適量
にんにくの塩漬け（p18参照） 適量

作り方
① 豚バラ肉は赤身を除き、脂身だけにする。Aを全体にすり込む。

② ①をラップに包み、冷蔵庫に4〜5日おく。途中で水分が出てきたらふき取り、ラップを換える。

③ ②に好みでBをまぶし、ラップで包み冷蔵庫で保存する。

④ ③を薄く切り、黒パンにのせる。にんにくの塩漬けの薄切りを1〜2枚のせ、好みでBをふっていただく。

★冷蔵庫で約1か月間保存が可能。

バーブシカの知恵袋

★**豚肉を生で！**
日本では豚肉を生食することはないと思いますが、ロシア、ウクライナではサロをよく食べます。寒い国ゆえ、脂肪の摂取は必要不可欠。だからこそ大陸では食べる時期が大切になります。豚肉も秋から冬の雑菌が繁殖しにくい時期によく食べるのです。

ベーコン
БЕКОН
ベコーン

塩豚を鍋でいぶせば、自家製ベーコンも作れます。くん製専用の鍋をひとつ用意しておくことをおすすめします。サーモンやさばのくん製と作り方は同じですが、身が厚いのでいぶす時間を長めにしてください。塩豚は生の豚肉の代わりに活用でき、ソーセージやペーストにも展開できます。

材料（作りやすい分量）

塩豚
- 豚バラかたまり肉　400g
- 塩　大さじ1
- 砂糖　大さじ½
- こしょう　小さじ¼

A
- ドライハーブ（好みのハーブやハーブティの茶葉など）　5g
- ローリエ　1～2枚
- 砂糖　大さじ1

作り方

① 塩豚を作る。塩、砂糖、こしょうを混ぜ、豚バラ肉にすり込む。ラップに包み、冷蔵庫に2～3日おく。

★この状態で冷蔵庫で約1週間保存が可能。

② 鍋＊にアルミ箔を敷いてAを入れ、高さ5cmの網を入れ、①の塩豚をのせる。

③ ふたをして最初は強火で2～3分いぶし、煙が出てきたら弱火で40～50分いぶし、火を止める。粗熱がとれるまでそのままおく。1時間ほどおいて、余分な脂を落とし、肉汁が落ち着いてから食べると味がまとまる。

＊くん製に使う鍋は、ふたがきっちりしまるものを使用する。臭いがつき底が焦げるので、古いものなどを専用の鍋にひとつ用意しておくとよい。

★冷蔵庫で約2週間保存が可能。

塩に砂糖を混ぜることで肉の臭みがとれ、肉質がジューシーに仕上がる。

高さのある網を使うことで煙が全体に行き渡る。大きい鍋なら2本一緒に作ることも可能。

バーブシカの知恵袋　★重宝なベーコン！

ベーコンの美味しさは、「いぶし」にあります。焼いているときに落ちた肉汁から立ち上る香りが、肉により一層の旨味をもたらしてくれます。オムレツ、パスタ、スープ、グラタン、コロッケと、ベーコンがあれば応用は自在です。

豚肉のピュレ
ПАШТЕТ ИЗ СВИНИНЫ
パシチェート　イス　スヴィニーヌィ

塩豚を香味野菜と水だけでじっくり煮た、旨味たっぷりのロシア風リエットです。ロシアでは料理にお酒はほとんど使いませんが、香りよく仕上げたい方は、ワインやブランデーを加えてもいいでしょう。パンにのせてカナッペにするほか、野菜と一緒にサンドイッチにしても美味しい。

材料(作りやすい分量)
塩豚(p44参照)　400g
玉ねぎ　1/4個
にんじん　30g
セロリ　30g
にんにく　1片
ローリエ　1枚
ドライタイム　小さじ1/2
水　3カップ
粗びき黒こしょう　小さじ1/2

作り方
① 塩豚は1cm幅に切り、玉ねぎ、にんにくは薄切り、にんじん、セロリはさいの目切りにする。
② すべての材料を鍋に入れ、ふたをして弱めの中火で1時間ほど煮る。
③ ローリエを取り除き、②を煮汁ごとフードプロセッサーにかけてなめらかなペースト状にする。保存容器に移し、粗熱をとる。
★冷蔵庫で約1か月間保存が可能。

塩豚と香味野菜を水で1時間煮る。

バーブシカの知恵袋

★ロシア版ポトフ「ジャルコーエ」
ロシアの伝統料理に、少ない水で蒸しながら煮込む「ジャルコーエ」がありますが、これを塩豚で作っても美味しい。ポトフのように肉や野菜を大きめに切り、少量の水と油を入れて、コトコト煮込みます。具だくさんの煮込み料理はメインディッシュにおすすめ。

ソーセージ
КОЛБАСЫ
カルバースィ

ミンチ状にした塩豚に、にんにくと粉唐辛子を混ぜて辛みを効かせました。腸詰めにしなくてもラップで成形すれば手軽です。辛いのが苦手な方は、唐辛子の代わりにオレガノやタイムなど、ハーブを混ぜるのもおすすめ。焼く以外にも、いぶしてスモークソーセージにすることもできます。

ミンチ状にした塩豚に、粉唐辛子とにんにくを混ぜ、ラップで包む。

材料(作りやすい分量)
塩豚(p44参照)　400ｇ
にんにくのみじん切り　1片分
粗びき唐辛子　小さじ½

作り方
① 塩豚を包丁で細かくたたきミンチ状にする。にんにく、粗びき唐辛子を加えてよく練る。
② ①を50ｇずつに分けておき、1つずつラップで細く巻き、ラップの両端をねじりながら空気を抜くようにして約20cm長さに形を整える。固まるまで冷蔵庫におく。
③ フライパンを熱して②のラップをはずして並べ入れ、最初は弱火で動かさずに焼き、焼き目がついたら転がしながら中火で全面を焼く(またはベーコンと同じようにスモークする)。

★冷蔵庫で約2週間保存が可能。②のラップに包んだ状態なら冷凍庫で約1か月間保存が可能。

朝食のプレート

材料(1人分)
ソーセージ　2本
卵　1個
じゃがいも(5mm厚さに切る)　小1個
ディルのみじん切り　適量
塩、こしょう、油　各適量

作り方
① フライパンを熱してソーセージを焼き、ソーセージから出た脂でじゃがいもを炒め、塩、こしょうで調味し、皿に盛る。
② 油を足して、目玉焼きを焼き、塩をふる。皿に盛り合わせ、ディルを散らす。

鶏肉のくん製
КОПЧЁНАЯ КУРИЦА
カプチョーナヤ　クーリツァ

塩豚をいぶしてベーコンを作るのと同様に、鶏肉も塩鶏にしてからくん製にします。塩に砂糖を混ぜることで、仕上がりもジューシーに。ポリ袋を使うとまんべんなく早く味がなじみます。大きいまま食卓に出して、香ばしい皮目を見せれば、だれもが食欲をそそられます！

材料(作りやすい分量)

鶏もも肉　1枚(約300g)
塩　大さじ1/2
砂糖　大さじ1/4
こしょう　少々
A
　ドライハーブ(好みのハーブや
　　ハーブティの茶葉など)　5g
　砂糖　大さじ1
　ローリエ　2枚

作り方

① ポリ袋に鶏肉を入れ、塩、砂糖、こしょうを混ぜて入れ、袋の上からもんでよくすり込む。空気を抜いて袋の口を結ぶ。冷蔵庫に1日おく。

② 鍋*にアルミ箔を敷いてAを入れ、高さ5cmの網をおき、①の皮を上にしてのせる。

③ ふたをして最初は強火で2〜3分いぶし、煙が出てきたら弱火にして20〜25分いぶし、火を止める。粗熱がとれるまでそのままおく。食べやすく切り、ズッキーニやセロリの甘酢漬け(p19参照)などを添えて食卓へ。

*くん製に使う鍋は、ふたがきっちりしまるものを使用する。臭いがつき底が焦げるので、古いものなどを専用の鍋にひとつ用意しておくとよい。

★冷蔵庫で約1週間保存が可能。

ポリ袋に入れ、空気を抜いて圧縮状態にすると早く漬かる。

1日おいて味をなじませた塩鶏を、皮を上にしていぶす。

鶏肉のくん製は、スープ、サラダ、オムレツ、ピラフなどの料理にも便利に使えます。

肉の保存食

鶏ハム
ВЕТЧИНА ИЗ КУРИЦЫ
ヴェチナー　イス　クーリツィ

ロシアのニューイヤーパーティに食べる冬の料理です。塩鶏をラップでロール状に巻いて蒸した、上品な味わいの料理です。前日に作って冷やしておくと鶏肉から出た蒸し汁が固まり、ゼリー寄せのような仕上がりに。鶏肉の旨味たっぷりなので、煮こごり風にお楽しみください。

材料(作りやすい分量)
鶏もも肉　1枚(約300g)
塩　大さじ½
砂糖　大さじ¼
こしょう　少々

作り方
① ポリ袋に鶏肉を入れ、塩、砂糖、こしょうを混ぜて入れ、袋の上からもんでよくすり込む。空気を抜いて袋の口を結ぶ。冷蔵庫に1日おく。
② 鶏肉を袋から出し、大きめに切ったラップに皮目を下にしておく。ラップごと手前からくるくると空気が入らないように巻き、ラップの両端を結んで閉じる。
③ ②を耐熱皿にのせ、蒸気が上がった蒸し器に入れ、弱めの中火で30分ほど蒸す。取り出して、ラップのまま冷ます。
④ 食べるときにラップをはずして1cm幅に切り、皿に盛る。

★冷蔵庫で約1週間保存が可能。

塩鶏の皮を下にしてラップで巻く。

ラップの両脇をしっかり閉じて、このまま蒸し器で蒸す。

バーブシカの知恵袋

★ゼリー寄せは冬の食べ物
喉ごしがいいゼリー寄せは夏の食べ物のように思われていますが、実は冬の食べ物です。肉や魚を煮炊きしたときに出るエキスが固まったもので、自然のなせる技なのです。この鶏ハムは、棒状に切ったにんじんやセロリを芯に入れて巻いてもいいですね。

レバーペースト
ПАШТЕТ ИЗ КУРИНОЙ ПЕЧЕНИ
パシチェート イス クリーナイ ピェーチェニ

ロシアの人たちは内臓好きで、レバーもよく食べます。トマトや玉ねぎと一緒にソテーした鶏レバーを、フードプロセッサーでなめらかなペーストにします。ちなみに、炒めたレバーをペーストにせずに、そのままマッシュポテトにのせて食べる料理もあります。それも面白い食べ方ですね。

材料(作りやすい分量)

鶏レバー　300ｇ
トマト　小１個
玉ねぎ　¼個
にんにく　１片
塩　小さじ１
こしょう　少々
オリーブ油　大さじ３

作り方

① 鶏レバーはひと口大に切り、流水で洗い、水気をきる。トマトは角切り、玉ねぎ、にんにくは薄切りにする。

② フライパンにオリーブ油を熱し、玉ねぎ、にんにくを中火で炒め、玉ねぎがしんなりしたら、①の鶏レバー、トマト、塩、こしょうを加え、レバーに火が通るまでよく炒め、火を止める。

③ ②の粗熱がとれたら、フードプロセッサーにかけてなめらかなペースト状にする。パンなどにのせて食べる。

★保存容器に入れ、冷蔵庫で約２週間保存が可能。

レバーを野菜と一緒によく炒める。

粗熱がとれたら、フードプロセッサーにかけてペースト状にする。

レバーの料理をもうひとつ。小麦粉をまぶして揚げ、塩、こしょうをふります。素朴な料理がいいですね。

コンビーフ
СОЛОНИНА
サラニーナ

一般的なコンビーフの作り方とは違う、ロシア式のコンビーフです。もともとは煮込み料理を作るときに、かたまり肉を水で煮てブイヨンをとった後に残る肉の破片なのです。さっぱりとしてしつこさがなく、牛肉の旨味が凝縮した味わいです。

材料（作りやすい分量）

牛すね肉　300g
塩　小さじ1½〜2
砂糖　小さじ1

作り方

① 牛すね肉に塩と砂糖の半量をまぶす。
② 鍋に水8カップと①を入れて強火にかけ、煮立ったらアクを取り、弱めの中火で水分がほとんどなくなりすね肉がやわらかくなるまで1時間以上煮る。
③ ②が熱いうちに、味をみて残りの塩と砂糖を加えて味を調える。すりこぎなどでつぶして身をほぐし、粗熱がとれたら、熱湯消毒した保存容器に入れる。

★冷蔵庫で約2週間保存が可能。

水分がなくなるまでやわらかく煮た牛すね肉を、すりこぎなどでほぐす。

バーブシカの知恵袋

★肉はかたまりで！

ロシアも今は100g単位で各部位の肉が買えるようになりましたが、昔の主婦は市場で骨つきのかたまり肉を入手して、骨のまわりの肉を切り身にしてソテーしたり、ひき肉器で挽いてロールキャベツにし、骨を煮てブイヨンをとっていたので美味しさが違います。

ウォッカとザクースカ

ロシアのお酒として有名なウォッカ(ВОДКА)は、ヴァダー(ВОДА)、水という単語から派生した言葉です。古くから農民たちの間ではちみつから作った地酒として飲まれており、その後、雑穀からも作るようになり、さらに蒸留するようになりました。庶民から貴族へと飲まれるようになったそうです。私もモスクワの北東にある古都スズダリで、そのはちみつ酒を飲んだことがありますが、つい強いお酒であることを忘れ、口当たりがよかったので飲み過ぎてふらふらに……。

ウォッカの原材料は大麦、小麦、ライ麦、じゃがいも、とうもろこしで、これらを粉砕して何日かおくと、糖化・発酵してきます。それを蒸留器で2回ほど蒸留し、白樺や菩提樹を焼いた炭で活性炭濾過すると、クセのない無色透明・無味無臭、水のようなウォッカができるのです。アルコール度数は40%以上になるので、冷凍庫に入れても凍りません。ロシアの冬はウォッカをポケットに入れておき、車のドアやフロントガラスが凍ったときにウォッカをかけて溶かすのだそうです。また民間療法で風邪を引いたとき、咳止めに胸に塗ったり、鼻づまりを治すのにも使っていました。他にも紅茶やモルス(ベリーの飲物)にたらして、体を温めたりもしています。

前菜またはつまみをロシア語ではザクースカ(ЗАКУСКА)といい、ウォッカによく合うにしんの塩漬け、サロ(豚脂身の塩漬け)や野菜の漬け物、チーズ、サラミ、スモークサーモン、イクラ、ドライフルーツやナッツなどがよく出されます。

飲み方はショットグラスに注ぎ、「健康に乾杯!」などと言いながら一気飲みします。これが延々と続き、酔いつぶれるまでグラスを乾し続けます。お酒が強い人はいいですが、飲めない人が、ちびちび飲んでいると「悪を残す」などといわれて嫌がられます。ですから飲めない私は辛いのなんの。

10世紀のウラジーミル大公の伝説的な言葉に「ロシアは酒なしで生きることはできぬ!」とあるほどに、女性も酒飲みが多いので、どこの家でも酒とつまみがいつでも出せるよう用意されています。

乳製品の保存食

酪農が盛んなロシアは、スメターナ（ロシアのサワークリーム）やチーズなどの乳製品が美味しいのも魅力のひとつです。特にスメターナが、ロシア料理に果たす役割はとても大きく、料理の味を決める調味料のような感覚で使われています。ボルシチをはじめ、魚や肉料理のほか、ブリヌイ（ロシアのクレープ）やデザートにも欠かさないので、消費量の多さは計りしれません。ヨーグルトやカッテージチーズ、発酵バターも家庭で手軽に作れるレシピを紹介していますので、ぜひお試しください。

自家製ヨーグルト
ЙОГУРТ
ヨーグルト

ロシアではケフィアを使うことが多いのですが、日本では入手しにくいので、市販のヨーグルトをスターター（種ヨーグルト）にして作ります。ヨーグルトの語源は混ぜるという意味で、牛乳を混ぜながら加えるのがコツです。できたてのフレッシュな味をお楽しみください。

材料（作りやすい分量）
プレーンヨーグルト　大さじ３～４
牛乳　１ℓ
＊容量１ℓの耐熱のふたつき保存容器を用意する。

作り方
① 牛乳を鍋に入れて沸かし、40℃ぐらい（お風呂の温度）まで冷ます。
② 熱湯消毒した保存容器にプレーンヨーグルトを入れ、泡立て器でかき混ぜながら①を少しずつ加える。上に浮いた泡は取り除く。
③ ふたをしてバスタオルなどで包み、ポリ袋をかぶせて温かい室温で４～５時間おいて発酵させる。固まったら冷蔵庫に入れる
★冷蔵庫で約１週間保存が可能。

40℃くらいに冷ました牛乳を、ヨーグルトに混ぜながら加える。

なめらかに仕上げるために、泡を取り除く。

発酵を促すために、タオルや布で包んで保温する。

バーブシカの知恵袋

★ 乾燥チーズ、クルト
中央アジアでは水きりヨーグルトをチャッカといい、料理やナンに添えて食べます。大根のなますに混ぜて食べるのも美味しい。チャッカに塩を混ぜて、丸めたり、四角く成形し、天日乾燥させるとクルトというヨーグルトチーズができます。

カッテージチーズ
ТВОРОГ
トゥヴァローク

酢やレモンを使わず、プレーンヨーグルトと牛乳で作るのがロシア式です。分離した水分はホエー（乳清）といい、たんぱく質やカルシウムが含まれているので、スープや煮物、パンを作るときに利用します。ホエー適量にレモン汁とはちみつを入れて飲むのも美味しい。

材料(作りやすい分量)
プレーンヨーグルト　450g
牛乳　1ℓ

作り方
① 鍋にヨーグルトを入れて泡立て器でよく混ぜ、牛乳を加えて混ぜ、弱めの中火にかける。
② ふきん(またはペーパータオル)を敷いたざるをボウルにのせる。
③ ①が沸いて、白いふわふわした固形物と水分(ホエー)に分離したら、②にあけて水分をきる。
④ 敷いたふきんで包み、水を入れたボウルをのせて重しをし、30〜40分おいて水分をきる。
④ ④を手でポロポロにほぐす。
★冷蔵庫で約1週間保存が可能。

固形物と水分に分離したら、ふきんを敷いたざるにあける。

敷いたふきんで包み、重しをのせて水分をきる。

ボウルにたまった水分がホエー。

カッテージチーズのデザート
ТВОРОГ СО СМЕТАНОЙ
トヴァローク　サ　スメターナイ

材料(1人分)と作り方
器に**カッテージチーズ**適量を盛り、**サワークリーム**(p64参照)といちごの**ヴァレーニエ**(p70参照)各適量をかけて、ミントを添える。

サワークリーム
СМЕТАНА
スメターナ

ロシア料理に欠かせないアイテムです。市販品もありますが、私はいつも自家製のものを使っています。ボルシチをはじめ煮込み料理にサワークリームを加えると、ぐっと旨味が増します。ぜひ試してほしいのがビーフストロガノフ。牛肉、玉ねぎ、サワークリームの三位一体の味は絶品です。

材料(作りやすい分量)
プレーンヨーグルト　1カップ
生クリーム　200ml

作り方
① ボウルにプレーンヨーグルトを入れて泡立て器で混ぜ、生クリームを少しずつ加えながらさらに混ぜる。

★冷蔵庫で約1週間保存が可能。

ヨーグルトに生クリームを少しずつ加えながら混ぜていく。

ビーフストロガノフ
БЕФСТРОГАНОВ
ベフストローガノフ

材料(4人分)と作り方
牛ランプ肉　300g
玉ねぎ(薄切り)　½個
バター、油　各大さじ1
サワークリーム　2カップ
小麦粉　大さじ1
塩　小さじ1
こしょう　少々

パセリピラフ
　温かいご飯　600g
　バター　大さじ1
　塩、こしょう　各少々
　イタリアンパセリのみじん切り　大さじ4

作り方
① 牛肉は細切りにし、塩、こしょうをふる。
② フライパンに玉ねぎとバターを入れてきつね色になるまでよく炒める。玉ねぎを脇に寄せ、油を足して、①を炒める。小麦粉を加えて炒め合わせ、サワークリーム、塩、こしょうを加えて混ぜ、中火で5～6分煮る。
③ パセリピラフの材料をボウルに入れて混ぜ合わせ、②とともに器に盛り合わせる。

乳製品の保存食

発酵バター
КИСЛОСЛИВОЧНОЕ МАСЛО
キスラスリーヴァチナエ　マースラ

生クリームとヨーグルトと塩で、バターも作れます。発酵バター特有のほのかな酸味とすっきりしたコクがあります。ロシアの酪農家で手作りのバターやカッテージチーズを作るのを体験して、乳製品の美味しさに感動。家庭でも手作りすれば食卓が豊かになりますね。

材料(作りやすい分量)
生クリーム　200ml
プレーンヨーグルト　大さじ2
塩　小さじ½

作り方
① ボウルに生クリームとプレーンヨーグルトを入れてよく混ぜ、ラップをして3時間ほど室温におく。
② ①のボウルの底を氷水にあて、ハンドミキサーで混ぜる。バター(かたまり)と水分に分離するまで混ぜる。
③ ペーパータオルを敷いたざるをボウルにのせ、②を入れて水気をきる。
④ ③をボウルに移し、塩を加えて混ぜる。オーブン用ペーパーにのせ、長方形に整えて包む。
★冷蔵庫で約1か月保存が可能。

かたまりと水分に分離するまでハンドミキサーで混ぜる。

ペーパータオルを敷いたざるにあけて、水気をきる。

バーブシカの知恵袋

★牛乳さえあれば
カムチャッカの酪農家を訪ねたときに乳製品を作るところを取材させてもらいました。搾乳→生乳(非加熱)→1日静置→ゆっくり撹拌。これを放置してできる上澄みがサワークリーム。放置したあと、加熱脱水したのがカッテージチーズです。

保存食でおもてなし

『家庭で心温まる料理をふるまうことが、良い人間関係を作る』といわれているロシアでは、主婦は大変もてなし上手です。それに自然の摂理を大切にするライフスタイルはとても魅力的で、生きるエネルギーをいただけます。気候風土が厳しい国ゆえ、その暮らしには『生活の知恵が凝縮』しています。自らダーチャで育てた野菜を中心とした食卓には、健康的で合理的に料理した献立が並びます。手作りの生活は決して楽ではありませんが、『手間を惜しまず、手間を楽しむ！』。いつも感じるのですが、ロシアの方たちは生活を楽しむことがとても上手。私たち日本人が真似したいところです。いつどんなときにお客様がいらしても暖かく食卓に迎え入れ、お茶や食事、お酒などをふるまえるように心がけたいですね。

『ロシア風おもてなし』とは？

★ **お茶のおもてなしは『ヴァレーニエ』**
菓子の原点は、果実と砂糖をサッと煮たヴァレーニエにあり！　紅茶と一緒にロシアンティ、氷水や熱湯で薄めればフルーティな飲み物、水溶き片栗粉で煮たキセーリ（くず寄せ）にサワークリームをかけてデザート、水や生クリームで薄めて凍らせればシャーベットやアイスクリームに変身。

★ **食事のおもてなしは『漬け物』**
漬け物は食卓を豊かにする万能菜！　キャベツ、きゅうり、きのこなどの野菜を水、塩、砂糖と酢の漬け汁に漬けておけば漬け物ができます。それにハムやハーブを加えればサラダ、肉や魚でブイヨンをとって加えればスープ、肉または魚と煮込めば料理に変身。

★ **お酒のおもてなしは『にしんの塩漬け』**
ひと手間がいい肴に！　日本ではにしんだけではなく、さば・あじ・いわし・さんまなどの青背の魚を３枚おろしにして塩・砂糖をまぶし漬けてから、酢洗いして使うとぐんと美味しくなります。ゆでたじゃがいもとディルを合わせたり、ビーツとサワークリームに合わせてサラダに、ソテーや揚げ物にも変身。

ぜひ、構えず飾らずありのままに心広げ、温かい心でお仲間を家にお招きしてください。そして、ロシア風保存食でおもてなしを楽しんで！

果物と野菜の保存食

夏の間、ダーチャの家庭菜園で育てた野菜やハーブ、草原で摘んだベリーは、もてなし料理やお茶の時間に欠かせない保存食に生まれ変わります。手作りのヴァレーニエ(ロシア風ジャム)やカンポート(果物の水煮)は果物の数だけ楽しめるので、旬の果物でお試しください。カンポートの煮汁はそのままドリンクとしていただけます。大量に収穫した野菜やハーブは、干したり、ソースを作って、料理に無駄なく使いこなすのがロシア流。手作りの保存食が、料理の腕を上げてくれるのは間違いありません。

果物と野菜の保存食

ヴァレーニエ ロシア風ジャム
ВАРЕНЬЕ
ヴァレーニエ

夏になるとロシアでは郊外の森や野原に出かけてベリー摘みをします。種類も多く、天然ものだけに味が濃厚！　それを甜菜糖でサッと煮ます。いろいろな果実でお試しください。ロシアでは、紅茶に添えて食べたり、ブリヌイにのせるほか、氷水で割ってジュースにして飲むのも定番です。

材料（作りやすい分量）
果実（いちご、ブルーベリー、さくらんぼ、りんご、洋梨、桃、プラム、かりんなど）　500g
グラニュー糖（甜菜糖。果実の30〜50％）　150〜250g
レモン汁　大さじ1〜2

果実にグラニュー糖、レモン汁を加えて煮る。ブルーベリーにはさらに水1/4カップを加えて煮る。

作り方
① 果実の下準備をする（いちごはへたを取る。さくらんぼは種を取る。りんご〈紅玉〉、洋梨、桃は8等分のくし形切りにして芯を取り、皮ごと角切りにする。プラムは種を取り、角切りにする。かりんは12等分のくし形切りにして芯を取り、皮ごと角切りにする）。

② ①をホーロー製の鍋に入れてグラニュー糖、レモン汁をまぶす（かりん、りんごの場合は、グラニュー糖の半量をまぶす。また、かりんには水1/2カップを、ブルーベリーには水1/4カップを加える）。

③ ②を中火にかけ、アクを取りながら、いちごは5〜10分、そのほかの果実は12〜15分、途中で混ぜながら煮る（かりん、りんごは、やわらかくなったら残りのグラニュー糖を加える）。

④ 熱湯消毒した耐熱の保存びんに、③を熱いうちに入れてふたをし、逆さにして冷ます（p10参照）。

★未開封のものは室温で約1年間、開封後は冷蔵庫で約1か月間保存が可能。

バーブシカの知恵袋

★ヴァレーニエをおいしく作るポイント
果実は、バナナ、キウイ、パイナップル以外は、基本的に皮つきのまま作るので、できるだけ国産の減農薬のものを。皮からペクチンが出て風味がよくなり、繊維が残るのでお腹にもやさしい。砂糖の量は、果実の正味30〜50％が基本です。果実の個性によって、甜菜糖のほかに、きび砂糖や黒砂糖など、砂糖の種類や割合を変えて楽しむのもいいでしょう。酸味が少ない果実はレモンを補い、水分が少ない果実やペクチンが強い果実は水を補うと美味しくできます。

果物と野菜の保存食

カンポート
果実の水煮
КОМПОТ
カンポート

フランスのコンポートはワインを使い、果実しか食べませんが、ロシアのカンポートは水で煮て、煮汁もジュースとしていただきます。夏はフレッシュな果物で、冬はドライフルーツで作れます。ドライフルーツの場合は、砂糖を控えめにしてください。サワークリームをかけて召し上がれ！

材料(作りやすい分量)
ドライプルーン、あんず（または好みの果実）　合わせて300g
グラニュー糖　100～150g
レモン汁　1個分

作り方
① ドライフルーツは、熱湯でさっと洗う。
② 鍋に水8カップ、グラニュー糖、①を入れて強火にかけ、煮立ったら弱めの中火で約10分煮る（フレッシュな果実の場合は中火で約3分煮る）。
③ ②にレモン汁を加え、火を止める。
④ ③の粗熱がとれたら、熱湯消毒した保存びんに入れ、冷蔵庫で冷やす。
★冷蔵庫で約10日間保存が可能。

水とグラニュー糖でドライフルーツを煮る。味を見て甘味はグラニュー糖で調整する。

バーブシカの知恵袋

★ジュースは手作り！
ロシアでは初夏になると果実がたくさん出回り、その果実で飲み物を作ります。ジュースを家庭で作れることに、まずビックリしました。自然の美味しさに感動し、それ以来ジュースは自分で作っています。ジャムを氷水や熱湯で割って飲むのもおすすめ！

クワス

KBAC
クヴァース

ライ麦の発泡性飲料

クワスは甘い麦茶が発酵したような味で、飲み慣れると美味しいのです。以前は、夏になるとタンクローリーで計り売りしていましたが、最近は見かけなくなりました。ペットボトルも出回っていますが、やはり手作りの味にはかないません。ライ麦パンの焼き加減でクワスの色が決まります。

材料(作りやすい分量)

ライ麦パン(油脂を使用していないもの。または ライ麦粉)　50g〜100g
レーズン　20g
りんご　1/8個
レモン(国産)　1/2個分

A
| 熱湯　10カップ
| 砂糖*　30g
| はちみつ　大さじ2
| ドライイースト(ライ麦粉で作る場合)
| 小さじ1/5

＊アクローシカ(冷たいクワスのスープ)を作る場合は砂糖は入れない。

作り方

① ライ麦パンは角切りにして天板に広げ、200℃に熱したオーブンで約25分焼き、香ばしい焼き色をつける。

② レーズンは熱湯でさっと洗う。りんごは芯を取り、皮ごといちょう切りにする。レモンは皮をむき、薄いいちょう切りにし、①と合わせて布袋に入れる。

③ 熱湯消毒した容量1ℓの保存びんにAを入れてよく混ぜ、②を入れる。

④ 密閉せずに軽くふたをして、室温で2〜3日おく。

⑤ フツフツ発酵してきたら袋を取り出し、冷やして飲む。

★冷蔵庫で約1週間保存が可能。

クワスの材料。これを熱湯に入れる。ライ麦パン(またはライ麦粉)は香ばしく焼く。

2〜3日おくと発酵して気泡ができる。

発酵したら、ライ麦パンなどを入れた袋を取り出す。

アクローシカは、クワスに粗みじんに切った生野菜を入れてスープとして味わう、ロシアの飲むサラダです。

シロップ
ШЕРБЕТ
シェルベート

お酒を飲まないイスラムの人たちは、甘いドリンクを飲みます。アゼルバイジャンでは、プロフ(炊き込みご飯)を食べるときに、必ずといっていいほどこのシロップを一緒に飲んでいました。さわやかなレモンの酸味が、油っぽい羊肉のソースに、なんともいえずよく合います。

レモンのシロップ (左)
ШЕРБЕТ ЛИМОННЫЙ
シェルベート　リモーンヌィ

材料(作りやすい分量)
レモン汁　½個分
グラニュー糖　70g
サフラン　ひとつまみ
レモンの輪切り(国産、飾り用)　½個分

作り方
① 鍋に水3カップ、レモン汁、グラニュー糖、サフランを入れて中火で2〜3分煮る。
② 熱湯消毒した耐熱の保存びんに①を入れ、レモンの輪切りを加える。
★冷蔵庫で約2週間保存が可能。

煮ていくうちにサフランから色が出て、黄色くなる。

ミントのシロップ (右)
ШЕРБЕТ МЯТНЫЙ
シェルベート　ミャートヌイ

材料(作りやすい分量)
ミントの葉　1パック(約20g)
グラニュー糖　大さじ3

作り方
① 鍋に水3カップ、グラニュー糖、ミントの葉を入れて中火で2〜3分煮る。
② 熱湯消毒した耐熱の保存びんに①を入れ、粗熱がとれたらミントの葉を取り出す。
★冷蔵庫で約2週間保存が可能。

サフランの原産地は西アジアで、イランが世界最大の産地。料理だけでなくお菓子や飲み物にも使われます。

果物と野菜の保存食

レモンの塩漬け
СОЛЁНЫЕ ЛИМОНЫ
サリョーヌィエ　リモーンヌィ

レモンの塩漬けは、モロッコやギリシャ、トルコでもよく使われている保存食。酸味と苦みが煮込み料理のアクセントに活躍します。ラム肉とも相性がよく、肉とたっぷりの野菜を蒸し焼きにするロシアの鍋料理、ジャルコーエ(p80参照)をぜひお試しください。

材料(作りやすい分量)

レモン(国産)　3個(約400g)
塩　100g

作り方

① レモンはよく洗って水気をふき、両端を少し切り落とし、7mm厚さの半月切りにする。
② ①をボウルに入れて塩をまぶし、熱湯消毒した保存びんに詰める。すぐに使えるが、1か月ほどたつと味がなじむ。

★室温で半年間、冷蔵庫で約1年間保存が可能。

レモンに塩をまんべんなくまぶして、びんに詰める。

バーブシカの知恵袋

★ロシア料理にもレモン

レモンの原産地は中国南東部ともいわれています。中央アジアやコーカサスでもたくさん栽培されているので、ロシアでも料理やお菓子によく使われます。ロシアンティを楽しむときも、レモンとはちみつが必ず添えられていますよ。

ラムと野菜の蒸し焼き
ЖАРКОЕ ИЗ БАРАНИНЫ
ジャルコーエ　イズ　バラーニヌィ

レモンの塩漬けを応用して作ります。ロシアではジャルコーエ専用の鍋で、じっくり蒸し焼きにして、旨味を引き出します。味つけはシンプルですが、素材の旨味が凝縮された味は、何度食べても飽きない美味しさです。

材料(4人分)
ラムもも肉　300ｇ
玉ねぎ　1個
にんじん　½本
じゃがいも　2個
キャベツ　¼個
にんにく　1片
ソース
　レモンの塩漬け(p79参照)　4切れ
　水　½カップ
　塩　小さじ2
　こしょう　少々
　油、バター　各大さじ2

作り方
① ラム肉はひと口大に切り、玉ねぎは薄切り、にんじん、じゃがいもはひと口大に切り、キャベツはざく切り、にんにくは薄切りにする。
② 鍋に①の野菜と肉を交互に入れ、ソースの材料を混ぜ合わせて加える。ふたをして弱めの中火で約30分煮込む。

応用料理

レモンのはちみつ漬け
МЁД ЛИМОННЫЙ
ミョート　リモーンヌイ

ビタミンCの豊富なレモンは、はちみつ漬けにして、そのまま食べたり、水や湯で割ってレモネードに。風邪ぎみのときや美容に最適。紅茶に添えてロシアンティ(РУССКИЙ ЧАЙルースキイ　チャーイ)をお楽しみください。

材料(作りやすい分量)
レモン(国産)　2個(約250ｇ)
はちみつ　約250ｇ

作り方
① レモンはよく洗って水気をふき、5㎜厚さの輪切りにする。
② 熱湯消毒した保存びんに①を入れて、はちみつを注ぐ。
★室温で約2か月間、冷蔵庫で約半年間保存が可能。

なすのイクラ（上）
ИКРА БАКЛАЖАННАЯ
イクラ　バクラジャーンナヤ

キャビアはロシア語で黒いイクラ（チョールナヤイクラー）といいます。なすやズッキーニのみじん切りを油で炒めた様子がキャビアに似ているところからつけられた料理名です。夏の食卓に欠かせません。ディップとしてブリヌイに包んで食べてみて。最高ですよ！

材料（作りやすい分量）
なす　3本
玉ねぎ　½個
トマト　1個
にんにくのすりおろし　1片分
塩　小さじ1〜1½
こしょう　適量
油　大さじ4

作り方
① なす、玉ねぎ、トマトはみじん切りにする。
② フライパンに油を熱し、玉ねぎ、トマト、なすを順に加えて、やわらかくなるまで中火で炒める。塩、こしょうで味を調え、火からおろす。
③ ②ににんにくのすりおろしを加えて混ぜる。
★冷蔵庫で4〜5日間保存が可能。

火を止めてから、にんにくのすりおろしを加えて風味をつける。

ズッキーニのイクラ（下）
ИКРА КАБАЧКОВАЯ
イクラ　カバチコーバヤ

材料と作り方（作りやすい分量）
なすのイクラのなすをズッキーニ2本に代えて、あとは同様に作る。

果物と野菜の保存食

干し野菜とハーブ
СУШЁНЫЕ ОВОЩИ И ТРАВЫ
スショーヌィエ オーヴァシィ イ トラヴィ

ダーチャで育てた野菜やハーブ、森で採ったきのこは、ピクルスを作る以外にも、乾燥させて保存し、冬に備えます。干すことで旨味や香りが凝縮され、歯ごたえもよくなります。野菜の皮や軸、残り野菜などを干すのもおすすめ。傷みやすいハーブは、日に直接当てずに陰干しにします。

材料(作りやすい分量)
ミニトマト　1パック
玉ねぎ　1個
マッシュルーム　1パック
ミント　1パック
ディル　1パック
イタリアンパセリ　1パック

作り方

① ミニトマトは横等分に切り、玉ねぎは薄切り、マッシュルームは半分に切る。ハーブはみじん切りにする。

② 紙を敷いたざるに①を種類ごとに並べる。野菜は2〜3日間天日干しにし、ハーブは1日陰干しにする(ともに夜は室内に取り込む)。

★保存びんなどに入れて室温で約3か月間保存が可能。それ以上おくと風味が落ちる。

ざるに紙を敷いて、野菜を干す。トマトは3日干したもの。

ハーブは陰干しで1日干す。

バーブシカの知恵袋

★なくてはならないハーブ
イタリアンパセリ、ディル、タイム、バジルなどは、地中海原産のハーブですが、トルコやコーカサスを通じてロシアにも広まりました。ロシア料理はいろいろな調味料を使わない代わりに、ハーブはなくてはならないエッセンスになっています。

果物と野菜の保存食

トマトピュレ （左）
TOMATHOE ПЮРЕ
タマートナエ　ピュレ

ロシアの人たちはトマト好きで、ダーチャで収穫したトマトでピュレやペーストを作り、いろいろな料理に使います。トマトに塩と砂糖を混ぜてつぶし、それを1時間ほど煮詰めます。トマトの水煮缶やトマトソースの代わりに料理に使うほか、牛乳で割ってトマトスープにしても美味しい。

材料(作りやすい分量)
トマト　5個(約1kg)
塩　小さじ1
砂糖　小さじ½

作り方
① トマトはさいの目切りにし、塩と砂糖をまぶし、ミキサーにかける。
② ①を鍋に入れて中火で約1時間煮詰める。
★冷蔵庫で約2週間保存が可能。

トマトペースト （右）
TOMATHAЯ ПACTA
タマートナヤ　パースタ

トマトピュレをさらに半量に煮詰めたのがトマトペーストです。料理にコクと旨味をプラスしたいときの調味料として便利に使えます。シチューやカレーなどの煮込み料理をはじめ、ピラフやオムライス、パスタソースに加えたり、パンにつけるのもおすすめ。

材料(作りやすい分量)
トマトピュレ(上記参照)　全量

作り方
① トマトピュレを鍋に入れ、半量になるくらいまで約30分煮詰める。
★冷蔵庫で約1か月間保存が可能。

バーブシカの知恵袋

★緑のトマトの漬け物
中南米原産のトマトは、スペイン、イタリア、トルコを通ってロシアに伝わったといわれ、伝統料理のボルシチやシチー(キャベツのスープ。p14参照)にも使われています。また、熟す前の緑のトマトは、漬け物にしてウォッカのつまみにします。

プラムソース（左）
ТКЕМАЛИ
トケマリ

グルジアの郷土料理のタバカというローストチキンに添えるソースです。プラムといっても日本の梅干しのような甘くないプラムを使い、にんにくや唐辛子、コリアンダーで風味をつけます。肉や魚のグリルに添えるだけで異国の味が楽しめます。

材料（作りやすい分量）
梅干し　5個
にんにくのすりおろし　1片分
香菜のみじん切り　大さじ1
赤唐辛子　1本
砂糖　小さじ1

作り方
① 梅干しは種を取り、包丁でたたいてみじん切りにする。
② 鍋にすべての材料と水½カップを入れ、さっと煮る。
★熱湯消毒した保存びんに入れて約10日間保存が可能。

アジカペースト（右）
АДЖИКА
アジカ

アジカには辛いという意味があり、グルジアをはじめとするコーカサスやトルコで使います。ウラジオストクの家庭にお邪魔したとき、このソースでペリメニ（水餃子）をいただきました。意外に思って話を聞くと、お母様の出身がコーカサスだと聞いて納得しました。

材料（作りやすい分量）
トマト　大1個
玉ねぎ　30g
にんにく　1片
香菜　1枝
青唐辛子　1〜2本
塩　小さじ1
クミンパウダー　小さじ¼

作り方
① トマト、玉ねぎ、にんにく、香菜、青唐辛子はみじん切りにする。
② ①をボウルに入れ、塩、クミンパウダーを加えて調味する。
★熱湯消毒した保存びんに入れて約10日間保存が可能。

グルジアは旧ソ連の中でも一番美味しい料理が食べられる地で、ワインを使った料理も、グルジアワインも最高！

グルジア風ローストチキン
ТАБАКА
タバカ

グルジアの郷土料理タバカは、本来はひな鶏1羽を胸の方から半分に切り開き、重しをのせてフライパンで焼きつけます。エロチックな姿が何とも楽しく、食卓を華やかに演出するパーティ料理にぴったり。ここでは鶏もも肉で手軽に作りました。

材料(2人分)
鶏もも肉　1枚
A
- 玉ねぎの薄切り　¼個分
- にんにくの薄切り　1片分
- 塩　小さじ½
- こしょう　適量
- 油　大さじ1

油、バター　各大さじ1
プラムソース、アジカペースト(p88参照)
　適量

つけ合わせ
- 玉ねぎの薄切り　½個分
- 万能ねぎ、香菜　各適量

作り方
① 鶏肉にAをすり込み、マリネする。
② フライパンに油とバターを熱して①を皮を下にして入れ、皿をおいて重し(水を入れたボウルなど)をのせ、弱火で両面をじっくり焼く(または200℃のオーブンで約15分焼く)。
③ ②を器に盛り、つけ合わせの玉ねぎとハーブを飾り、プラムソースかアジカペーストを添える。

ディルペースト
ПРИПРАВА ИЗ УКРОПА
プリプラーヴァ　イズ　ウクローパ

さわやかな香りのディルに、にんにくと塩を混ぜたロシアの定番調味料。いろいろな料理にアクセントをつける調味料として役立ちます。つけ合わせのじゃがいもにまぶしたり、煮込み料理に加えるだけで現地の味が再現できます。

材料(作りやすい分量)
ディル　25g
にんにくのすりおろし　1片分
塩　小さじ1

作り方
① ディルはみじん切りにし、にんにくのすりおろし、塩を加えてよく混ぜ合わせる。
★熱湯消毒した保存びんに入れ、冷蔵庫で約1か月間保存が可能。

応用料理

じゃがいものサラダ
САЛАТ ИЗ КАРТОФЕЛЯ
サラート　イス　カルトーフェリャ

材料(作りやすい分量)
ディルペースト　大さじ3
じゃがいも　2個
塩、こしょう、油　各適量

作り方
① じゃがいもはゆでて、ひと口大に切る。
② ①にディルペーストを加えて混ぜ、塩、こしょう、油を加えて味を調える。

フルーツビネガー
ФРУКТОВЫЙ УКСУС
フルクトーヴイ　ウークスス

果物の自然の甘味や香りを生かしたビネガーです。サラダやマリネなど普通の酢と同様に使いますが、甘味がある分、砂糖を控えることができるので、ヘルシーです。水や炭酸で割ってサワードリンクにしても美味しい。

材料(作りやすい分量)
りんご酢
りんご 1個(約250g)
酢水
　酢　1カップ
　湯ざまし　½カップ

ぶどう酢
ぶどう　½房(200g)
酢水
　酢　1カップ
　湯ざまし　½カップ

作り方
① りんご酢を作る。りんごは芯を取り、厚めのいちょう切りにする(ぶどう酢を作る場合は1粒を半分に切る)。
② 熱湯消毒した保存びんに①を入れ、酢水を入れてふたをする。
★冷蔵庫で3か月間保存が可能

ぶどうは、皮ごと半分に切って漬ける。

バーブシカの知恵袋

★コーカサスはぶどうの原産地
コーカサスは果物の産地で、春は木々に花が咲きみだれて桃源郷のように素敵です。ぶどうの原産地なので、グルジアのワイン、アルメニアのコニャックは世界最古といわれるほど有名です。ロシア料理にはほとんど酒は使いませんが、グルジア、アルメニアだけは地産地消なのでしょう、使われています。

果物と野菜の保存食

りんご酢を使って
マヨネーズ
МАЙОНЕЗ
マイヤネース

ロシアの人たちはじゃがいもをよく食べますが、ポテトサラダに欠かせないのがマヨネーズです。りんご酢を使うと仕上がりもマイルドに。マスタードは好みで加えてください。ロシアではサワークリームを混ぜて使うこともあります。

材料（作りやすい分量）
卵黄　1個分
りんご酢(p92参照)　大さじ1〜2
塩　小さじ1
砂糖、こしょう　各少々
マスタード（好みで）　小さじ1
油　1カップ

作り方
① ボウルに油以外の材料を入れて泡立て器でよく混ぜる。
② ①に油を少量ずつ混ぜながら加え、もったりするまで混ぜる。
★熱湯消毒した保存びんに入れて、冷蔵庫で2週間保存が可能。

応用料理

鶏肉入りポテトサラダ
САЛАТ ОЛИВЬЕ
サラート　オリヴィエ

材料（作りやすい分量）
鶏ささ身　1枚
じゃがいも　2個
にんじん　¼本
きゅうり　¼本
玉ねぎ　¼個
マヨネーズ　大さじ3〜4
ディルのみじん切り　大さじ1
塩、こしょう　各少々

作り方
① ささ身と野菜はさいの目切りにする。
② ささ身、じゃがいも、にんじんは、塩少々（分量外）を入れた湯で一緒にゆで、ざるに上げて、粗熱をとる。
③ ボウルに②、きゅうり、玉ねぎを入れ、塩、こしょうをふり混ぜ合わせる。マヨネーズとディルを加えて混ぜ合わせる。

94　ロシアのポテトサラダは具によって呼び名があり、鶏肉入りは「オリヴィエ・サラダ」と呼ばれます。

荻野恭子
Огино Киоко
おぎのきょうこ

東京生まれ。父が飲食店を経営していたため、子供のころより食に興味を持つ。各種の料理学校で世界の料理を学ぶ。1974年よりロシアをはじめ、イラン、トルコ、中国、韓国など、ユーラシア大陸周辺の50か国以上を訪れ、現地の家庭やレストランのシェフから料理を習い、食文化の研究を続けている。自宅にて料理教室「サロン・ド・キュイジーヌ」主宰。テレビの料理番組や雑誌で活躍中。著書に、『家庭で作れるロシア料理』『家庭で作れるトルコ料理』(共に河出書房新社刊)、『ポリ袋漬けのすすめ』(文化出版局刊)、『世界の米料理』(誠文堂新光社刊)などがある。
http://www.cook-ogino.jp

本書は、2014年10月15日に東洋書店より刊行された作品です。

ブックデザイン　若山嘉代子 L'espace
撮影　三木麻奈
スタイリング　久保原恵理
料理アシスタント　春井敦子
構成・取材　内田加寿子

撮影協力
ロシア雑貨店マリンカ
TEL 03-3565-3205
http://www.marinka-zakka.com
ロシア雑貨店パルク
TEL 03-6479-3658
http://russianzakkapark.blogspot.jp/

p 11　きのこの塩、こしょう入れ／パルク
p 21　マトリョーシュカ／パルク
p 33　クロス／パルク
p 35　クロス／マリンカ
p 69　小物入れ／マリンカ
p 73　クロス／マリンカ
p 81　クロス／マリンカ
p 83　クロス／マリンカ
p 89　クロス／パルク

ロシアの保存食

2016年 2月12日　第1版第1刷発行

著者　荻野恭子
発行者　玉越直人
発行所　WAVE出版
〒102-0074　東京都千代田区九段南4-7-15
TEL03-3261-3713　FAX03-3261-3823
振替　00100-7-366376
E-mail: info@wave-publishers.co.jp
http://www.wave-publishers.co.jp
印刷・製本　株式会社東京印書館
©Kyoko Ogino 2016 Printed in Japan
落丁・乱丁本は送料小社負担にてお取り替えいたします。
本書の無断複写・複製・転載を禁じます。
ISBN978-4-87290-787-2
NDC 596　95P 21cm

食材のことば

■穀物　зерно　ゼルノー
- 小麦　пшеница　プシェニッツァ
- ライ麦　рожь　ローシ
- 大麦　ячмень　ヤチメーニ
- そばの実　греча　グレーチャ
- 米　рис　リース
- 穀物の粉　мука　ムカー
- でんぷん　крахмал　クラフマール

■乳製品　молочные продукты　マローチヌィエ プラドゥークトゥイ
- 牛乳　молоко　マラコー
- 生クリーム　сливки　スリーフキ
- サワークリーム　сметана　スメターナ
- バター　сливочное масло　スリーヴァチナエ マースラ
- チーズ　сыр　スィル
- カッテージチーズ　творог　トヴァローク

■野菜　овощи　オーヴァシ
- 玉ねぎ　лук　ルーク
- じゃがいも　картофель　カルトーフェリ
- にんじん　морковь　マルコーフィ
- トマト　помидор　パミドール
- きゅうり　огурец　アグレーツ
- キャベツ　капуста　カプースタ
- ビーツ　свёкла　スヴョークラ
- ズッキーニ　кабачок　カバチョーク
- 大根　редька　レージカ
- きのこ　грибы　グリブィ
- にんにく　чеснок　チェスノーク
- 唐辛子　перец　ペーレツ
- 万能ねぎ　зелёный лук　ゼリョーヌィ ルーク
- コリアンダー　кинза　キンザー
- ディル　укроп　ウクロープ
- イタリアンパセリ　петрушка　ペトルーシカ

■果物　фрукты　フルークトゥイ
- りんご　яблоко　ヤーブラカ
- ぶどう　виноград　ヴィナグラート
- レモン　лимон　リモーン
- みかん　мандарин　マンダリーン
- 桃　персик　ペールシク
- あんず　абрикос　アブリコース
- すもも　слива　スリーヴァ
- すいか　арбуз　アルブース
- 梨　груша　グルーシャ
- メロン　дыня　ドゥイニャ
- バナナ　банан　バナーン
- パイナップル　ананас　アナナース
- いちご　клубника　クルブニーカ
- さくらんぼ　вишня　ヴィーシニャ
- ベリー　ягода　ヤーガダ
- 野いちご　земляника　ジムリャニーカ
- 木いちご　малина　マリーナ
- コケモモ　брусника　ブルスニーカ
- ツルコケモモ　клюква　クリュークヴァ
- スグリ　смородина　スマロージナ
- ブルーベリー　голубика　ガルビーカ
- ブラックベリー　ежевика　エジェヴィーカ
- プルーン　чернослив　チェルナスリーフ
- レーズン　изюм　イジューム
- カリン（マルメロ）　айва　アイヴァー
- ザクロ　гранат　グラナート
- 柿　хрума　フルマー
- ナナカマド　рябина　リャビーナ
- くるみ　орех　アレーフ
- 果実の砂糖煮　варенье　ヴァレーニエ

■肉　мясо　ミャーサ
- 牛肉　говядина　ガヴャージナ
- 豚肉　свинина　スヴィニーナ
- 羊肉　баранина　バラーニナ
- 鶏肉　курица　クーリッツァ
- 卵　яйцо　ヤイツォー
- ハム　ветчина　ヴェッチナー
- ソーセージ　колбаса　カルバサー